어린이를 위한
30일 인문학 글쓰기의 기적

하루 10분 따라 쓰기

어린이를 위한 30일 인문학 글쓰기의 기적
하루 10분 따라 쓰기

1판 1쇄 펴냄 | 2022년 5월 10일 **1판 3쇄 펴냄** | 2023년 12월 21일   **지은이** | 김종원   **발행인** | 김병준
편집 | 박유진, 김리라   **마케팅** | 김유정·차현지·이수빈·최은규   **디자인** | 권성민·김용호   **발행처** | 상상아카데미   **등록** | 2010. 3. 11. 제313-2010-77호   **주소** | 서울시 마포구 독막로6길 11(합정동), 우대빌딩 2, 3층   **전화** | 02-6953-7790(편집), 02-6925-4188(영업)   **팩스** | 02-6925-4182   **전자우편** | main@sangsangaca.com   **홈페이지** | http://sangsangaca.com

ISBN   979-11-85402-59-8 (74800)
ISBN   979-11-85402-58-1 (74800)(세트)

어린이를 위한

30일 인문학 글쓰기의 기적

하루 10분 따라 쓰기

김종원 지음

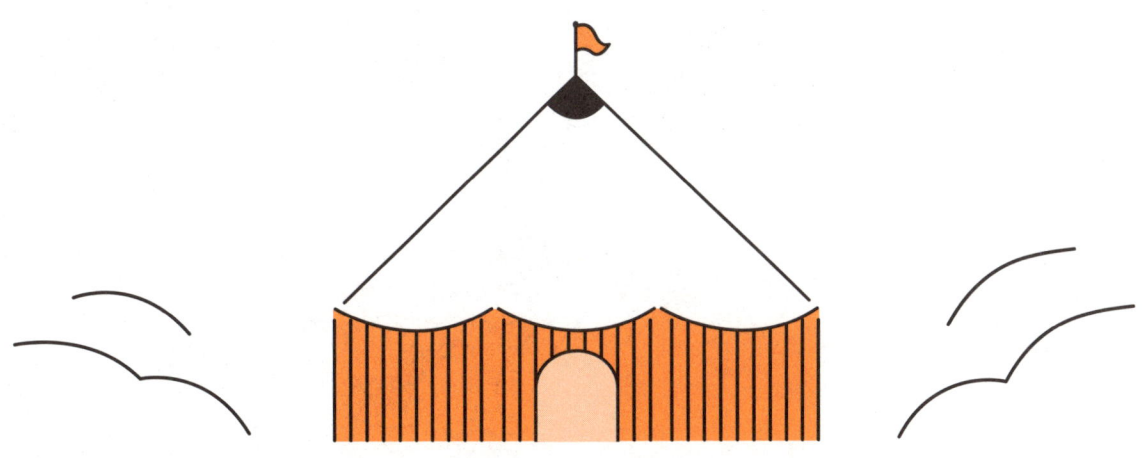

상상아카데미

선생님의 한 마디

여러분, 안녕하세요? 김종원 선생님이에요.

일기를 쓰라고 하면 '보람찬 하루였다. 즐거운 하루였다. 좋았다.' 같이 짧게 글을 끝내는 친구들이 많아요. 이런 글을 읽으면 어떤가요? 잘 쓴 글처럼 보이나요? 이런 글은 잘 쓴 글이라고 하기 어려워요. 무엇을 해서 즐거웠고, 왜 즐거웠는지에 대한 이유와 과정, 목적, 느낌이 전혀 담겨 있지 않기 때문이에요.

글을 쓰는 삶과 쓰지 않는 삶은 '전혀 다른 인생'이라고 할 수 있어요. 시간이 지나면서 차이가 나거든요. 특별히 다른 것을 하지 않았는데 성적이 급격하게 오르는 친구도 있고, 산만하고 집중력이 없던 친구가 스스로 책상에 앉아 무언가에 집중하며 탐구할 수도 있어요. 두 경우 모두 글쓰기로 시작된 변화라고 할 수 있지요.

어떻게 하면 글쓰기를 실천할 수 있을까요? 글은 몇 가지 방법을 배우고, 올바른 태도를 갖추면 누구나 잘 쓸 수 있어요. 그 시작을 따라 쓰기로 해 보세요.

따라 쓰기는 다른 사람의 글을 베껴 쓰는 것을 말해요. 따라 쓰면서 글쓰기에 필요한 방법과 태도를 배우고, 중요한 내용을 익힐 수 있어요. 따라 쓰기를 하고 나면 다음의 3단계 질문법을 통해 생각을 확장하는 연습을 할 거예요.

> 1. 이 글을 따라 쓰면서 어떤 생각이 들었나요?
> 2. 그 생각을 통해 어떤 질문을 할 수 있을까요?
> 3. 질문에 대한 답을 생각하며 무엇을 깨닫게 되었나요?

3단계 질문법은 내가 생각한 것을 질문으로 만들고, 그 질문에 대한 나만의 답을 다시 생각해낼 수 있게 도와줄 거예요.

3단계 질문법을 하고 난 후에, '나만의 진실한 기호 노트를 만드는 실천법'과 '책을 더욱 효과적으로 읽는 30일 단어 탐험 노트'를 통해 언제 어떤 상황에서도 글을 쓸 수 있는 내면의 힘을 기르게 될 거예요.

글쓰기가 쉽지 않죠? 우리가 글쓰기를 어렵게 생각하는 이유는 '성공과 행복한 경험만을 글로 쓸 수 있다.'고 생각하기 때문이에요. 하지만 아프고 속상한 순간도 충분히 멋진 글이 될 수 있어요. 모든 순간이 아름다운 글이 될 수 있는 거죠.

30일 동안의 따라 쓰기를 끝내면 여러분의 몸에 쓰는 습관이 자연스럽게 배어 있을 거예요.

이제, 즐겁고 재미있게 따라 쓰기를 시작해 볼까요?

마음 잡기

마음 잡기는 글을 따라 쓰는 공간이에요. 따라 쓰면서 글의 의미를 이해해 보세요.

💬 다음 글을 낭독한 후 따라 써 보세요.

　나만의 글을 쓰기 위해서는 '관찰', '상상력', '나만의 경험', 이렇게 세 가지가 필요해요. 예를 들어, 산책을 하다가 거리에 핀 꽃이 예뻐서 멈추고 바라보면 자연스럽게 '관찰'을 하게 되어요. 그때 "이 꽃은 지금 어떤 생각을 하고 있을까?"라는 질문을 던진다면 '상상력'을 자극하게 되지요. 그렇게 산책을 한 순간이 '나만의 경험'이 되어요. 모든 것이 한순간에 이루어지는 마법과도 같은 것이죠. 이 세 가지가 동시에 이루어지기 때문에 어렵거나 힘든 과정은 아니에요.
　중간에 멈출 곳을 발견하여 상상력을 자극할 질문을 던질 수만 있다면, 나만의 글쓰기는 누구나 시도해 볼 수 있는 일이에요.

　나만의 글을 쓰기 위해서는 '관찰', '상상력', '나만의 경험', 이렇게 세 가지가 필요해요. 예를 들어, 산책을 하다가 거리에 핀 꽃이 예뻐서 멈추고 바라보면 자연스럽게 '관찰'을 하게 되어요. 그때 "이 꽃은 지금 어떤 생각을 하고 있을까?"라는 질문을 던진다면 '상상력'을 자극하게 되지요. 그렇게 산책을 한 순간이 '나만의 경험'이 되어요. 모든 것이 한순간에 이루어지는 마법과도 같은 것이죠. 이 세 가지가 동시에 이루어지기 때문에 어렵거나 힘든 과정은 아니에요.
　중간에 멈출 곳을 발견하여 상상력을 자극할 질문을 던질 수만 있다면, 나만의 글쓰기는 누구나 시도해 볼 수 있는 일이에요.

개념 잡기
생각을 확장하는 3단계 질문법

> 개념 잡기는 따라 쓰면서 들었던 생각을 적는 공간이에요. 나의 생각으로 질문을 만들고, 그 질문에 답해 보면서 새롭게 알게 된 것을 적어 보세요. 한 가지만 적어도 좋고, 세 가지 이상 적어도 좋아요.

1. 이 글을 따라 쓰며 어떤 생각이 들었나요?

- 나는 내가 보내는 하루를 너무 쉽게 생각했구나.
- 아쉽게도 거리에 핀 꽃을 자세히 관찰한 적은 없었던 것 같다.
- 이제는 산책을 하면서 내 눈길을 끈 무언가를 관찰하고 싶다.

2. 그 생각을 통해 어떤 질문을 할 수 있을까요?

- 나의 하루를 글로 남기려면 어떻게 해야 할까?
- 스치기만 했던 꽃을 자세히 관찰하면 어떤 기분이 들까?
- 왜 우리는 산책을 하며 중간에 멈춰서 관찰할 생각을 못하는 걸까?

3. 질문에 대한 자신의 생각을 쓰고, 새롭게 알게 된 것이 있다면 적어 보세요.

- 내가 보내는 하루하루가 모두 글이 될 수 있구나!
- 뭐든 오랫동안 바라보면 예전에는 몰랐던 것을 알게 되는 것 같아.
- 끝에 도착하는 것도 중요하지만 중간에 보내는 과정도 참 중요하구나.

15

실천법
나만의 진실한 문장을 만드는 '기호 노트'

> 나는 이제 매일 일상에서 '관찰'을 시작할 생각이에요.

실천법은 따라 쓴 글의 주제를 생각해 보는 공간이에요. 따라 쓰며 떠오른 단어와 주제, 그리고 그와 관련된 질문을 만들고 답해 보세요.

1 '관찰'을 생각할 때 함께 떠오르는 단어는 무엇인가요?

집중, 지혜

2 그 단어가 떠오른 이유는 무엇인가요?

– 관찰을 하면 자연스럽게 집중을 하기 때문입니다.

– 관찰을 통해 전에 몰랐던 지혜를 갖게 되니까요.

3 '관찰'과 새로 떠오른 단어를 사용하여 새로운 질문을 만들어 보세요.

– 관찰을 하려고 하면 집중하게 되는 이유는 뭘까?

– 지혜는 왜 관찰을 통해 얻게 되는 걸까?

4 위의 질문에 답하며 '관찰'과 관련된 나만의 문장을 완성해 보세요.

– 집중은 관찰을 더욱 빛나게 해 주는 좋은 친구입니다.

– 지혜는 관찰을 통해 얻을 수 있는 나만의 지식입니다.

응용법

책을 더욱 효과적으로 읽는 30일 단어 탐험 노트

오늘의 책 | 이 책을 선택한 이유

난중일기

오늘은 이순신 장군이 쓴 <난중일기>라는 책을 읽었습니다. 한국을 대표하는 장군이자 위인이라고 해서 선택했는데, 과연 어떤 부분이 위대하고 특별한지 꼭 알고 싶습니다.

---

1 책을 읽으며 어떤 생각을 했나요? 책에서 기억에 남거나 중요하게 생각했던 단어는 무엇인가요? 기억에 남는 단어를 3개 적어 주세요.

- 책을 읽으며 한 생각   힘든 시간을 보내면서도 부모님께 최선을 다하는 모습이 특별했다.

- 기억에 남거나 중요하게 생각한 단어

| 부모님 | 전쟁 | 효자 |

> 응용법은 내가 오늘 읽은 책으로 단어를 익히는 공간이에요. 책에서 기억나는 단어를 뽑은 뒤, 내가 생각하는 단어의 의미를 적어 보세요.

2 위에서 생각한 단어가 책에서 어떤 의미로 쓰인 것 같나요? 스스로 생각한 것을 그대로 적어 주세요.

- **부모님**   떨어져 있으면 늘 그리운 사람
- **전쟁**   시간을 버리며 생명까지 잃게 되는 슬픈 이야기
- **효자**   부모님께 늘 좋은 마음과 예쁜 말을 전하는 사람

하루 10분 따라 쓰기

마음 잡기

💬 다음 글을 낭독한 후 따라 써 보세요.

　나만의 글을 쓰기 위해서는 '관찰', '상상력', '나만의 경험', 이렇게 세 가지가 필요해요. 예를 들어, 산책을 하다가 거리에 핀 꽃이 예뻐서 멈추고 바라보면 자연스럽게 '관찰'을 하게 되어요. 그때 "이 꽃은 지금 어떤 생각을 하고 있을까?"라는 질문을 던진다면 '상상력'을 자극하게 되지요. 그렇게 산책을 한 순간이 '나만의 경험'이 되어요. 모든 것이 한순간에 이루어지는 마법과도 같은 것이죠. 이 세 가지가 동시에 이루어지기 때문에 어렵거나 힘든 과정은 아니에요.
　중간에 멈출 곳을 발견하여 상상력을 자극할 질문을 던질 수만 있다면, 나만의 글쓰기는 누구나 시도해 볼 수 있는 일이에요.

1 이 글을 따라 쓰며 어떤 생각이 들었나요?

2 그 생각을 통해 어떤 질문을 할 수 있을까요?

3 질문에 대한 자신의 생각을 쓰고, 새롭게 알게 된 것이 있다면 적어 보세요.

실천법
나만의 진실한 문장을 만드는 '기호 노트'

> "나는 이제 매일 일상에서 '관찰'을 시작할 생각이에요."

1 '관찰'을 생각할 때 함께 떠오르는 단어는 무엇인가요?

2 그 단어가 떠오른 이유는 무엇인가요?

3 '관찰'과 새로 떠오른 단어를 사용하여 새로운 질문을 만들어 보세요.

4 위의 질문에 답하며 '관찰'과 관련된 나만의 문장을 완성해 보세요.

책을 더욱 효과적으로 읽는 30일 단어 탐험 노트

응용법

오늘의 책 | 이 책을 선택한 이유

1 책을 읽으며 어떤 생각을 했나요? 책에서 기억에 남거나 중요하게 생각했던 단어는 무엇인가요? 기억에 남는 단어를 3개 적어 주세요.

- 책을 읽으며 한 생각

- 기억에 남거나 중요하게 생각한 단어

2 위에서 생각한 단어가 책에서 어떤 의미로 쓰인 것 같나요? 스스로 생각한 것을 그대로 적어 주세요.

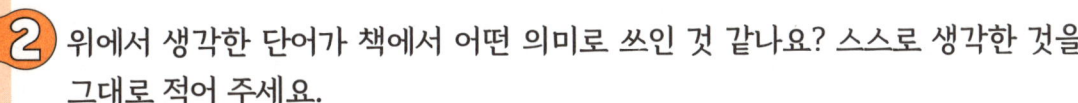

마음 잡기

💬 다음 글을 낭독한 후 따라 써 보세요.

우리는 왜 글을 써야 할까요?

글쓰기는 단순히 작가라는 직업을 갖기 위해서 필요한 것이 아니라, 종이 위에서 친구들과 부모님 등 소중한 사람들과 소통하며 마음을 나누기 위해서도 필요해요.

나에게 소중한 사람은 누구인가요? 소중한 게 많다면 그걸 글로 쓸 시간도 자주 가져야 해요. 글을 통해 지금까지 서로 몰랐던 내용을 알 수 있게 되면, 그 사람이 더욱 소중하고 사랑스러워질 거예요.

1 이 글을 따라 쓰며 어떤 생각이 들었나요?

2 그 생각을 통해 어떤 질문을 할 수 있을까요?

3 질문에 대한 자신의 생각을 쓰고, 새롭게 알게 된 것이 있다면 적어 보세요.

실천법
나만의 진실한 문장을 만드는 '기호 노트'

> 나는 앞으로 '소중한 사람들'을 생각하면서 글을 쓸 거예요.

1 '소중한 사람들'을 생각할 때 함께 떠오르는 단어는 무엇인가요?

2 그 단어가 떠오른 이유는 무엇인가요?

3 '소중한 사람들'과 새로 떠오른 단어를 사용하여 새로운 질문을 만들어 보세요.

4 위의 질문에 답하며 '소중한 사람들'과 관련된 나만의 문장을 완성해 보세요.

책을 더욱 효과적으로 읽는 30일 단어 탐험하느트

응용법

오늘의 책 | 이 책을 선택한 이유

1 책을 읽으며 어떤 생각을 했나요? 책에서 기억에 남거나 중요하게 생각했던 단어는 무엇인가요? 기억에 남는 단어를 3개 적어 주세요.

- 책을 읽으며 한 생각

- 기억에 남거나 중요하게 생각한 단어

2 위에서 생각한 단어가 책에서 어떤 의미로 쓰인 것 같나요? 스스로 생각한 것을 그대로 적어 주세요.

💬 다음 글을 낭독한 후 따라 써 보세요.

　세상의 찬사를 받기 위해서는 스스로 헤아릴 수 없을 정도로 많이 걸어야 해요. 반대로 잘못 디딘 한 걸음만으로도 비난을 받을 수 있어요.
　쌓는 것은 정말 어렵지만 순간의 실수로도 쌓은 것을 쉽게 잃을 수 있어요.
　하지만 글로 자신이 매일 무엇을 했는지 기록했다면 쉽게 무너지지 않아요. 글이 나를 기억하고 있으니까요.
　매일 글을 쓰며 사는 사람은 강한 사람이에요. 그러니 매일 조금이라도 글을 써서 내가 한 일을 글로 남기기로 해요.

1. 이 글을 따라 쓰며 어떤 생각이 들었나요?

2. 그 생각을 통해 어떤 질문을 할 수 있을까요?

3. 질문에 대한 자신의 생각을 쓰고, 새롭게 알게 된 것이 있다면 적어 보세요.

실천법
나만의 진실한 문장을 만드는 '기호 노트'

> 나는 순간의 '실수'가 나를 망가지게 하지 않도록 좋은 마음을 전하며 살겠습니다.

1 '실수'를 생각할 때 함께 떠오르는 단어는 무엇인가요?

2 그 단어가 떠오른 이유는 무엇인가요?

3 '실수'와 새로 떠오른 단어를 사용하여 새로운 질문을 만들어 보세요.

4 위의 질문에 답하며 '실수'와 관련된 나만의 문장을 완성해 보세요.

책을 더욱 효과적으로 읽는 30일 단어 탐험 노트

응용법

| 오늘의 책 | 이 책을 선택한 이유 |

1 책을 읽으며 어떤 생각을 했나요? 책에서 기억에 남거나 중요하게 생각했던 단어는 무엇인가요? 기억에 남는 단어를 3개 적어 주세요.

• 책을 읽으며 한 생각

• 기억에 남거나 중요하게 생각한 단어

2 위에서 생각한 단어가 책에서 어떤 의미로 쓰인 것 같나요? 스스로 생각한 것을 그대로 적어 주세요.

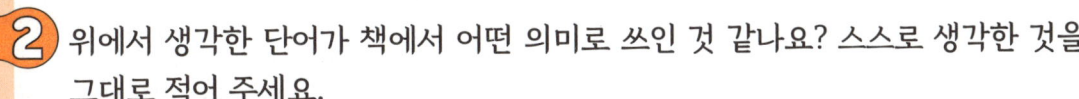

25

마음 잡기

💬 다음 글을 낭독한 후 따라 써 보세요.

　글쓰기가 쉽지 않죠? 우리가 글쓰기를 어렵게 생각하는 이유 중 하나는 '성공과 행복한 경험만이 글감이 될 수 있다.'라고 생각하기 때문이에요.
　하지만 사실은 그렇지 않아요. 실패하고 불행했던 순간도 충분히 멋진 글감이 될 수 있어요.
　그러니 이제부터는 무언가를 해서 실패한 순간이나 원하는 결과가 나오지 않아 불행한 순간을 미워하지 말고 즐기면서 경험하기로 해요. 우리의 멋진 글이 될 소중한 글감이니까요.

1 이 글을 따라 쓰며 어떤 생각이 들었나요?

2 그 생각을 통해 어떤 질문을 할 수 있을까요?

3 질문에 대한 자신의 생각을 쓰고, 새롭게 알게 된 것이 있다면 적어 보세요.

실천법
나만의 진실한 문장을 만드는 '기호 노트'

> 나는 '실패'까지도 아름답게 생각하며 살 거예요.

1 '실패'를 생각할 때 함께 떠오르는 단어는 무엇인가요?

2 그 단어가 떠오른 이유는 무엇인가요?

3 '실패'와 새로 떠오른 단어를 사용하여 새로운 질문을 만들어 보세요.

4 위의 질문에 답하며 '실패'와 관련된 나만의 문장을 완성해 보세요.

응용법

책을 더욱 효과적으로 읽는 30일 단어 탐험 노트

오늘의 책 | 이 책을 선택한 이유

1 책을 읽으며 어떤 생각을 했나요? 책에서 기억에 남거나 중요하게 생각했던 단어는 무엇인가요? 기억에 남는 단어를 3개 적어 주세요.

• 책을 읽으며 한 생각

• 기억에 남거나 중요하게 생각한 단어

2 위에서 생각한 단어가 책에서 어떤 의미로 쓰인 것 같나요? 스스로 생각한 것을 그대로 적어 주세요.

마음 잡기

💬 다음 글을 낭독한 후 따라 써 보세요.

　멋진 피아니스트가 되려면, 피아노를 연주하는 기술을 배우기 전에 피아노를 사랑하는 마음이 필요해요. 뭐든 그 대상을 사랑해야 더 애정을 갖고 대할 수 있기 때문이에요.
　우리는 왜 글을 써야 할까요? 소중한 우리의 생각을 정확히 표현하여 주변 사람들과 나누기 위해서예요. 그 아름다운 마음을 잊지 말아요.
　글은 결국 마음을 적는 일이에요.

생각을 확장하는 3단계 질문법

1 이 글을 따라 쓰며 어떤 생각이 들었나요?

2 그 생각을 통해 어떤 질문을 할 수 있을까요?

3 질문에 대한 자신의 생각을 쓰고, 새롭게 알게 된 것이 있다면 적어 보세요.

실천법
나만의 진실한 문장을 만드는 '기호 노트'

> "나는 내 인생을 더 '사랑'할 줄 아는 사람이 될 거예요."

1 '사랑'을 생각할 때 함께 떠오르는 단어는 무엇인가요?

2 그 단어가 떠오른 이유는 무엇인가요?

3 '사랑'과 새로 떠오른 단어를 사용하여 새로운 질문을 만들어 보세요.

4 위의 질문에 답하며 '사랑'과 관련된 나만의 문장을 완성해 보세요.

응용법

책을 더욱 효과적으로 읽는 30일 단어 탐험 노트

오늘의 책 | 이 책을 선택한 이유

1 책을 읽으며 어떤 생각을 했나요? 책에서 기억에 남거나 중요하게 생각했던 단어는 무엇인가요? 기억에 남는 단어를 3개 적어 주세요.

- 책을 읽으며 한 생각

- 기억에 남거나 중요하게 생각한 단어

2 위에서 생각한 단어가 책에서 어떤 의미로 쓰인 것 같나요? 스스로 생각한 것을 그대로 적어 주세요.

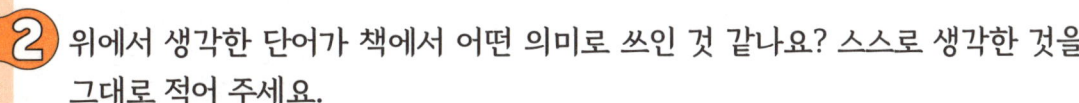

💬 **다음 글을 낭독한 후 따라 써 보세요.**

"글이 왜 이렇게 안 써지는 거야!"

많은 사람이 글을 쓰려고 할 때 방향을 잡지 못하고 시간만 보내는 이유가 뭘까요? 글쓰기가 중요하다는 말은 자주 들었지만 구체적으로 어떻게 해야 쓸 수 있는지 전문가에게 배운 적이 없기 때문이에요.

글쓰기도 배우면 누구나 할 수 있어요. 내가 아직 글을 쓰지 못하는 이유는 단지 배울 기회가 없었기 때문이에요.

1 이 글을 따라 쓰며 어떤 생각이 들었나요?

2 그 생각을 통해 어떤 질문을 할 수 있을까요?

3 질문에 대한 자신의 생각을 쓰고, 새롭게 알게 된 것이 있다면 적어 보세요.

실천법
나만의 진실한 문장을 만드는 '기호 노트'

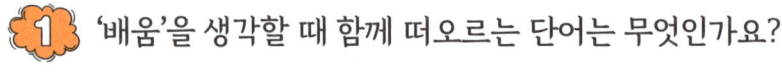

> 나는 모르면 '배우면' 되고, '배우면' 누구든 잘할 수 있다는 사실을 알고 있어요.

1 '배움'을 생각할 때 함께 떠오르는 단어는 무엇인가요?

2 그 단어가 떠오른 이유는 무엇인가요?

3 '배움'과 새로 떠오른 단어를 사용하여 새로운 질문을 만들어 보세요.

4 위의 질문에 답하며 '배움'과 관련된 나만의 문장을 완성해 보세요.

 책을 더욱 효과적으로 읽는 30일 단어 탐험 노트

응용법

오늘의 책 | 이 책을 선택한 이유

1 책을 읽으며 어떤 생각을 했나요? 책에서 기억에 남거나 중요하게 생각했던 단어는 무엇인가요? 기억에 남는 단어를 3개 적어 주세요.

- 책을 읽으며 한 생각

- 기억에 남거나 중요하게 생각한 단어

2 위에서 생각한 단어가 책에서 어떤 의미로 쓰인 것 같나요? 스스로 생각한 것을 그대로 적어 주세요.

37

마음 잡기

💬 다음 글을 낭독한 후 따라 써 보세요.

　글쓰기에 좋은 장소는 화려한 방이나 멋진 책상이 있는 곳이 아니에요. 글쓰기는 마음과 상상력이 만나서 이루어지는 결과예요. 진실한 마음과 나만의 상상력만 있다면 우리는 어디에서든 행복하게 글을 쓸 수 있어요.
　마음만 허락한다면 누구든 지금 바로 글을 쓸 수 있어요.

1. 이 글을 따라 쓰며 어떤 생각이 들었나요?

2. 그 생각을 통해 어떤 질문을 할 수 있을까요?

3. 질문에 대한 자신의 생각을 쓰고, 새롭게 알게 된 것이 있다면 적어 보세요.

실천법
나만의 진실한 문장을 만드는 '기호 노트'

> 나의 '상상력'이 내게 무엇을 선물해 줄지 정말 기대되어요.

1 '상상력'을 생각할 때 함께 떠오르는 단어는 무엇인가요?

2 그 단어가 떠오른 이유는 무엇인가요?

3 '상상력'과 새로 떠오른 단어를 사용하여 새로운 질문을 만들어 보세요.

4 위의 질문에 답하며 '상상력'과 관련된 나만의 문장을 완성해 보세요.

응용법

책을 더욱 효과적으로 읽는 30일 단어 탐험하는

 오늘의 책 　이 책을 선택한 이유

1 책을 읽으며 어떤 생각을 했나요? 책에서 기억에 남거나 중요하게 생각했던 단어는 무엇인가요? 기억에 남는 단어를 3개 적어 주세요.

• 책을 읽으며 한 생각

• 기억에 남거나 중요하게 생각한 단어

2 위에서 생각한 단어가 책에서 어떤 의미로 쓰인 것 같나요? 스스로 생각한 것을 그대로 적어 주세요.

마음 잡기

💬 다음 글을 낭독한 후 따라 써 보세요.

　글을 쓸 때 좋은 주제와 멋진 표현도 중요하지만 최고의 글쓰기는 '이것'에서 시작해요. 바로 '반복해서 수정하는 과정' 말이에요.

　누구든 처음부터 완벽하게 마음에 드는 글을 쓸 수는 없어요. 자신의 마음을 온전히 담기 위해서는 "내가 하고 싶은 말이 모두 들어갔나?"라는 질문을 하면서 수정하고 또 수정하는 과정이 필요해요.

　더 많이 수정할수록 더 완벽하게 내 마음을 담은 글을 쓸 수 있어요. 좋은 글이란, 화려하게 쓴 글이 아니라 내 마음과 가장 가까운 글이에요.

1 이 글을 따라 쓰며 어떤 생각이 들었나요?

2 그 생각을 통해 어떤 질문을 할 수 있을까요?

3 질문에 대한 자신의 생각을 쓰고, 새롭게 알게 된 것이 있다면 적어 보세요.

실천법
나만의 진실한 문장을 만드는 '기호 노트'

> 나는 뭐든 '반복'하면 빛이 난다는 사실을 알고 있어요.

1. '반복'을 생각할 때 함께 떠오르는 단어는 무엇인가요?

2. 그 단어가 떠오른 이유는 무엇인가요?

3. '반복'과 새로 떠오른 단어를 사용하여 새로운 질문을 만들어 보세요.

4. 위의 질문에 답하며 '반복'과 관련된 나만의 문장을 완성해 보세요.

응용법

오늘의 책 | 이 책을 선택한 이유

책을 더욱 효과적으로 읽는 30일 단어 탐험 노트

1 책을 읽으며 어떤 생각을 했나요? 책에서 기억에 남거나 중요하게 생각했던 단어는 무엇인가요? 기억에 남는 단어를 3개 적어 주세요.

- 책을 읽으며 한 생각

- 기억에 남거나 중요하게 생각한 단어

2 위에서 생각한 단어가 책에서 어떤 의미로 쓰인 것 같나요? 스스로 생각한 것을 그대로 적어 주세요.

45

마음 잡기

💬 **다음 글을 낭독한 후 따라 써 보세요.**

　열심히 시간을 투자해서 글을 쓰지만 원하는 글이 나오지 않는 이유는 재능이 부족하거나 실력이 없기 때문이 아니에요. 쓰려고 하는 글감에 대해서 충분한 경험을 하지 못했기 때문이에요.
　스스로 충분히 경험한 내용에 대한 글을 쓰면, 특별한 재능이나 실력이 없어도 멋진 글을 쓸 수 있어요. 그러니 글이 잘 써지지 않을 때는 실제 경험한 것으로 글감을 바꾸거나, 지금 쓰는 글감에 대해 조금 더 경험한 뒤에 쓰기로 해요.
　내가 경험한 것에 대해서 쓴 글이 가장 창의적인 글이에요.

1 이 글을 따라 쓰며 어떤 생각이 들었나요?

2 그 생각을 통해 어떤 질문을 할 수 있을까요?

3 질문에 대한 자신의 생각을 쓰고, 새롭게 알게 된 것이 있다면 적어 보세요.

실천법
나만의 진실한 문장을 만드는 '기호 노트'

> 나는 앞으로 더 많은 것을 '경험'하는 모험가가 될 거예요.

1. '경험'을 생각할 때 함께 떠오르는 단어는 무엇인가요?

------

2. 그 단어가 떠오른 이유는 무엇인가요?

------

3. '경험'과 새로 떠오른 단어를 사용하여 새로운 질문을 만들어 보세요.

------

4. 위의 질문에 답하며 '경험'과 관련된 나만의 문장을 완성해 보세요.

 **응용법**

책을 더욱 효과적으로 읽는 30일 단어 탐험노트

오늘의 책  이 책을 선택한 이유

1 책을 읽으며 어떤 생각을 했나요? 책에서 기억에 남거나 중요하게 생각했던 단어는 무엇인가요? 기억에 남는 단어를 3개 적어 주세요.

- 책을 읽으며 한 생각

- 기억에 남거나 중요하게 생각한 단어

2 위에서 생각한 단어가 책에서 어떤 의미로 쓰인 것 같나요? 스스로 생각한 것을 그대로 적어 주세요.

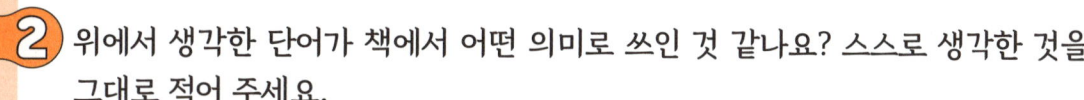

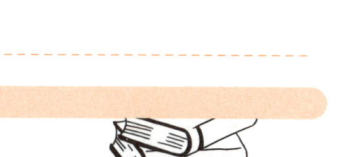

마음 잡기

💬 다음 글을 낭독한 후 따라 써 보세요.

　글을 쓰려고 할 때 자꾸만 비슷한 이야기를 반복하는 기분이 들거나 진도가 나가지 않는 이유는 무엇일까요? 보통 어휘력이 부족하거나 감각이 없어서라고 생각하지만 전혀 그렇지 않아요. 글을 읽을 사람에게 말하고 싶은 내용이 있어야 하는데, 그것이 없기 때문이에요.
　글쓰기에서 가장 중요한 것은 기술이 아니라, '쓸 말'이 있어야 한다는 사실이에요. 쓰고 싶거나 쓸 말이 없는 사람에게 글쓰기는 지옥과도 같은 존재예요. 사막에서 오아시스를 찾는 것과 같거든요.
　글쓰기에서는 일상에서 친구들과 대화를 하거나, 산책을 할 때 만났던 사물에 대한 느낌을 늘 메모하는 습관을 기르는 것이 중요해요. 메모는 근사한 글의 일부가 되어 주니까요.

1 이 글을 따라 쓰며 어떤 생각이 들었나요?

2 그 생각을 통해 어떤 질문을 할 수 있을까요?

3 질문에 대한 자신의 생각을 쓰고, 새롭게 알게 된 것이 있다면 적어 보세요.

실천법
나만의 진실한 문장을 만드는 '기호 노트'

> 나는 보고 느낀 것을 '메모'하면서
> 나만의 하루를 만들어 나갈 거예요.

1 '메모'를 생각할 때 함께 떠오르는 단어는 무엇인가요?

2 그 단어가 떠오른 이유는 무엇인가요?

3 '메모'와 새로 떠오른 단어를 사용하여 새로운 질문을 만들어 보세요.

4 위의 질문에 답하며 '메모'와 관련된 나만의 문장을 완성해 보세요.

 응용법

책을 더욱 효과적으로 읽는 30일 단어 탐험노트

| 오늘의 책 | 이 책을 선택한 이유 |

1 책을 읽으며 어떤 생각을 했나요? 책에서 기억에 남거나 중요하게 생각했던 단어는 무엇인가요? 기억에 남는 단어를 3개 적어 주세요.

• 책을 읽으며 한 생각

• 기억에 남거나 중요하게 생각한 단어

2 위에서 생각한 단어가 책에서 어떤 의미로 쓰인 것 같나요? 스스로 생각한 것을 그대로 적어 주세요.

마음 잡기

💬 다음 글을 낭독한 후 따라 써 보세요.

"남들이 이상하게 생각하면 어쩌지?"

글을 쓰면 일기가 아닌 이상 다른 사람들의 평가를 받아야 할 때가 많아요. 그것을 너무 두렵게 생각할 필요는 없어요. 다른 사람의 평가는 그저 다른 사람의 의견일 뿐이에요.

정말 중요한 것은 그 글을 쓴 자신의 생각이에요. 스스로 만족스러운 글을 썼다면, 그리고 마음을 다해 썼다면, 그 글은 세상에서 나만이 쓸 수 있는 유일한 글이 돼요.

1 이 글을 따라 쓰며 어떤 생각이 들었나요?

2 그 생각을 통해 어떤 질문을 할 수 있을까요?

3 질문에 대한 자신의 생각을 쓰고, 새롭게 알게 된 것이 있다면 적어 보세요.

실천법
나만의 진실한 문장을 만드는 '기호 노트'

> 나는 나만의 생각을 통해서 특별한 '꿈'을 찾는 사람이 될 거예요.

1 '꿈'을 생각할 때 함께 떠오르는 단어는 무엇인가요?

2 그 단어가 떠오른 이유는 무엇인가요?

3 '꿈'과 새로 떠오른 단어를 사용하여 새로운 질문을 만들어 보세요.

4 위의 질문에 답하며 '꿈'과 관련된 나만의 문장을 완성해 보세요.

책을 더욱 효과적으로 읽는 30일 단어 탐험노트

응용법

오늘의 책 이 책을 선택한 이유

1 책을 읽으며 어떤 생각을 했나요? 책에서 기억에 남거나 중요하게 생각했던 단어는 무엇인가요? 기억에 남는 단어를 3개 적어 주세요.

• 책을 읽으며 한 생각

• 기억에 남거나 중요하게 생각한 단어

2 위에서 생각한 단어가 책에서 어떤 의미로 쓰인 것 같나요? 스스로 생각한 것을 그대로 적어 주세요.

57

마음 잡기

💬 **다음 글을 낭독한 후 따라 써 보세요.**

　우리가 글을 쓰는 이유는 알고 있는 것을 자랑하거나 다른 사람들에게 보여 주기 위해서가 아니에요. 자랑한다고 달라질 것은 하나도 없으니까요.
　중요한 건 나의 변화예요. 우리는 자신이 무엇을 알고 있는지 발견하고, 더 배울 게 무엇인지 확인하기 위해서 글을 써야 해요. 무엇을 알고 있는지 제대로 알아야 부족한 부분을 알 수 있고, 더 배울 게 무엇인지 짐작할 수 있으니까요.
　글을 쓰는 것은 자신을 알아가는 소중한 과정이에요.

1 이 글을 따라 쓰며 어떤 생각이 들었나요?

2 그 생각을 통해 어떤 질문을 할 수 있을까요?

3 질문에 대한 자신의 생각을 쓰고, 새롭게 알게 된 것이 있다면 적어 보세요.

실천법
나만의 진실한 문장을 만드는 '기호 노트'

> 나는 아는 것을 '자랑'하는 것보다 모르는 부분이 뭔지 아는 사람이 될 거예요.

1 '자랑'을 생각할 때 함께 떠오르는 단어는 무엇인가요?

2 그 단어가 떠오른 이유는 무엇인가요?

3 '자랑'과 새로 떠오른 단어를 사용하여 새로운 질문을 만들어 보세요.

4 위의 질문에 답하며 '자랑'과 관련된 나만의 문장을 완성해 보세요.

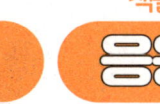

책을 더욱 효과적으로 읽는 30일 단어 탐험노트

응용법

오늘의 책 | 이 책을 선택한 이유

1 책을 읽으며 어떤 생각을 했나요? 책에서 기억에 남거나 중요하게 생각했던 단어는 무엇인가요? 기억에 남는 단어를 3개 적어 주세요.

• 책을 읽으며 한 생각

• 기억에 남거나 중요하게 생각한 단어

2 위에서 생각한 단어가 책에서 어떤 의미로 쓰인 것 같나요? 스스로 생각한 것을 그대로 적어 주세요.

61

마음 잡기

💬 다음 글을 낭독한 후 따라 써 보세요.

매일 글을 쓴다는 것은 무엇을 의미하는 걸까요?

매일 글을 쓴다는 것은 매일 '나'라는 작품을 관찰하고 느낀 점을 기록하는 과정이라고 볼 수 있어요. 세상에서 가장 멋진 작품인 나를 오랫동안 관찰하며 글을 쓰는 것이지요.

그 멋진 시간을 자주 즐겼으면 해요.

1 이 글을 따라 쓰며 어떤 생각이 들었나요?

2 그 생각을 통해 어떤 질문을 할 수 있을까요?

3 질문에 대한 자신의 생각을 쓰고, 새롭게 알게 된 것이 있다면 적어 보세요.

실천법
나만의 진실한 문장을 만드는 '기호 노트'

> **나는 내 '시간'을 가장 빛나는 것으로만 채울 거예요.**

1 '시간'을 생각할 때 함께 떠오르는 단어는 무엇인가요?

2 그 단어가 떠오른 이유는 무엇인가요?

3 '시간'과 새로 떠오른 단어를 사용하여 새로운 질문을 만들어 보세요.

4 위의 질문에 답하며 '시간'과 관련된 나만의 문장을 완성해 보세요.

책을 더욱 효과적으로 읽는 30일 단어 탐험노트

응용법

오늘의 책 이 책을 선택한 이유

1 책을 읽으며 어떤 생각을 했나요? 책에서 기억에 남거나 중요하게 생각했던 단어는 무엇인가요? 기억에 남는 단어를 3개 적어 주세요.

• 책을 읽으며 한 생각

• 기억에 남거나 중요하게 생각한 단어

2 위에서 생각한 단어가 책에서 어떤 의미로 쓰인 것 같나요? 스스로 생각한 것을 그대로 적어 주세요.

마음 잡기

💬 다음 글을 낭독한 후 따라 써 보세요.

　축구를 처음 시작하자마자 공을 멋지게 차서 골대에 넣을 수는 없어요. 뭐든지 시작과 과정이 필요해요. 먼저 공을 다룰 수 있어야 하고, 정확하게 차서 원하는 곳으로 보낼 수 있어야 해요. 또 다리의 힘을 조절할 수 있어야 하고, 방향도 미세하게 조절할 수 있어야 해요. 이 모든 것이 하나하나 필요한 과정이에요.
　글쓰기에도 그런 과정이 있어요. 그래서 30일이라는 기간이 필요한 것이에요. 하나하나 차근차근 제대로 배우면 그 다음은 걱정할 필요가 없어요. 30일 동안 배워 온 시간이 우리를 지켜줄 테니까요.
　무언가를 위해 노력한 시간은 그렇게 사라지지 않고, 자신을 소중하게 대한 사람을 지켜 준답니다.

1. 이 글을 따라 쓰며 어떤 생각이 들었나요?

2. 그 생각을 통해 어떤 질문을 할 수 있을까요?

3. 질문에 대한 자신의 생각을 쓰고, 새롭게 알게 된 것이 있다면 적어 보세요.

실천법
나만의 진실한 문장을 만드는 '기호 노트'

> 나는 결과보다 '과정'이 더 중요하다는 사실을 알고 있어요.

1 '과정'을 생각할 때 함께 떠오르는 단어는 무엇인가요?

2 그 단어가 떠오른 이유는 무엇인가요?

3 '과정'과 새로 떠오른 단어를 사용하여 새로운 질문을 만들어 보세요.

4 위의 질문에 답하며 '과정'과 관련된 나만의 문장을 완성해 보세요.

책을 더욱 효과적으로 읽는 30일 단어 탐험 노트

 응용법

| 오늘의 책 | 이 책을 선택한 이유

1 책을 읽으며 어떤 생각을 했나요? 책에서 기억에 남거나 중요하게 생각했던 단어는 무엇인가요? 기억에 남는 단어를 3개 적어 주세요.

• 책을 읽으며 한 생각

• 기억에 남거나 중요하게 생각한 단어

2 위에서 생각한 단어가 책에서 어떤 의미로 쓰인 것 같나요? 스스로 생각한 것을 그대로 적어 주세요.

마음 잡기

💬 다음 글을 낭독한 후 따라 써 보세요.

　건강한 몸을 가지려면 운동을 해야 해요. 새벽에 일어나 뛰기도 하고, 팔 굽혀 펴기나 윗몸 일으키기 등을 하며 근력도 키워야 하지요. 운동을 하는 것이 쉽지 않고 때로는 귀찮게 느껴질 때도 있어요.

　그런데도 우리는 운동을 해야 해요. 왜 해야 할까요? 몸의 각 기능을 건강하게 만들어 튼튼해지기 위해서예요.

　글쓰기도 마찬가지예요. 글쓰기에 필요한 다양한 근육을 단련하는 시간이 필요해요. 근육을 단련하는 만큼 우리는 더욱 근사한 글을 쓸 수 있게 될 거예요. 그 시간을 소중하게 생각하면서 보내기로 해요.

1 이 글을 따라 쓰며 어떤 생각이 들었나요?

2 그 생각을 통해 어떤 질문을 할 수 있을까요?

3 질문에 대한 자신의 생각을 쓰고, 새롭게 알게 된 것이 있다면 적어 보세요.

실천법
나만의 진실한 문장을 만드는 '기호 노트'

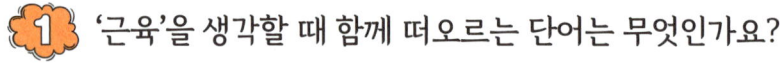

나는 튼튼한 글쓰기 '근육'을 가진 어린이가 될 거예요.

1 '근육'을 생각할 때 함께 떠오르는 단어는 무엇인가요?

2 그 단어가 떠오른 이유는 무엇인가요?

3 '근육'과 새로 떠오른 단어를 사용하여 새로운 질문을 만들어 보세요.

4 위의 질문에 답하며 '근육'과 관련된 나만의 문장을 완성해 보세요.

책을 더욱 효과적으로 읽는 30일 단어 탐험노트

응용법

오늘의 책 | 이 책을 선택한 이유

1 책을 읽으며 어떤 생각을 했나요? 책에서 기억에 남거나 중요하게 생각했던 단어는 무엇인가요? 기억에 남는 단어를 3개 적어 주세요.

• 책을 읽으며 한 생각

• 기억에 남거나 중요하게 생각한 단어

2 위에서 생각한 단어가 책에서 어떤 의미로 쓰인 것 같나요? 스스로 생각한 것을 그대로 적어 주세요.

마음 잡기

💬 다음 글을 낭독한 후 따라 써 보세요.

아무리 글을 써도 실력이 늘지 않는 이유가 뭘까요? 간단해요. 누군가의 평가를 받기 위해 쓰려고 해서 그래요. 글을 쓰는 일 자체에 의미를 두기보다 글을 쓴 이후에 이루어지는 평가에 초점이 맞춰져 있기 때문이에요. 이럴 때는 글을 쓰려고 의자에 앉기만 해도 답답해져요. 겁이 나고 두렵기도 하고요. 자신을 위해서가 아니라 타인의 눈에 들기 위해 글을 쓰기 때문이에요.

누군가 나의 글을 평가하고 비난할 수 있어요. 하지만 그건 중요한 일이 아니에요. 우리는 우리 자신의 글을 쓰면 그걸로 충분해요. 평가와 비난은 다른 사람의 몫이에요. 우리는 우리 자신에게 주어진 일에만 집중하기로 해요.

1. 이 글을 따라 쓰며 어떤 생각이 들었나요?

2. 그 생각을 통해 어떤 질문을 할 수 있을까요?

3. 질문에 대한 자신의 생각을 쓰고, 새롭게 알게 된 것이 있다면 적어 보세요.

실천법
나만의 진실한 문장을 만드는 '기호 노트'

> 나는 다른 사람의 '평가'보다
> 내 생각을 중요하게 생각해요.

1 '평가'를 생각할 때 함께 떠오르는 단어는 무엇인가요?

2 그 단어가 떠오른 이유는 무엇인가요?

3 '평가'와 새로 떠오른 단어를 사용하여 새로운 질문을 만들어 보세요.

4 위의 질문에 답하며 '평가'와 관련된 나만의 문장을 완성해 보세요.

 응용법

책을 더욱 효과적으로 읽는 30일 단어 탐험노트

오늘의 책 　　이 책을 선택한 이유

① 책을 읽으며 어떤 생각을 했나요? 책에서 기억에 남거나 중요하게 생각했던 단어는 무엇인가요? 기억에 남는 단어를 3개 적어 주세요.

• 책을 읽으며 한 생각

• 기억에 남거나 중요하게 생각한 단어

② 위에서 생각한 단어가 책에서 어떤 의미로 쓰인 것 같나요? 스스로 생각한 것을 그대로 적어 주세요.

마음 잡기

💬 다음 글을 낭독한 후 따라 써 보세요.

　글쓰기에서 가장 안 좋은 선택은 미루는 습관이에요. "오늘은 너무 바쁘니까 글은 내일 써야겠다."라고 말하며 미룬다면 그것은 "나는 글을 쓰지 않겠다."는 말과 같아요.
　물론 내일 정말 글을 쓸 수도 있어요. 하지만 오늘이 아니면 쓸 수 없는 글은 반드시 오늘 써야 해요. 내일은 내일 쓸 수 있는 글이 따로 있으니까요.
　밥 먹는 것이나 잠 자는 것을 내일로 미루지 않는 것처럼, 글쓰기 역시 내일로 미루지 말고 오늘 하세요.

1 이 글을 따라 쓰며 어떤 생각이 들었나요?

2 그 생각을 통해 어떤 질문을 할 수 있을까요?

3 질문에 대한 자신의 생각을 쓰고, 새롭게 알게 된 것이 있다면 적어 보세요.

실천법 나만의 진실한 문장을 만드는 '기호 노트'

> 나는 오늘 할 일을 내일로 미루는 '게으름'을 피우지 않겠어요.

1 '게으름'을 생각할 때 함께 떠오르는 단어는 무엇인가요?

2 그 단어가 떠오른 이유는 무엇인가요?

3 '게으름'과 새로 떠오른 단어를 사용하여 새로운 질문을 만들어 보세요.

4 위의 질문에 답하며 '게으름'과 관련된 나만의 문장을 완성해 보세요.

응용법

책을 더욱 효과적으로 읽는 30일 단어 탐험노트

 오늘의 책 | 이 책을 선택한 이유

1 책을 읽으며 어떤 생각을 했나요? 책에서 기억에 남거나 중요하게 생각했던 단어는 무엇인가요? 기억에 남는 단어를 3개 적어 주세요.

- 책을 읽으며 한 생각

- 기억에 남거나 중요하게 생각한 단어

2 위에서 생각한 단어가 책에서 어떤 의미로 쓰인 것 같나요? 스스로 생각한 것을 그대로 적어 주세요.

마음 잡기

💬 다음 글을 낭독한 후 따라 써 보세요.

　글을 쓸 때는 사랑하는 사람에게 편지를 쓰듯 달콤하게, 그리고 쉽게 쓰세요. 그래야 하는 이유는 간단해요. 사랑하는 사람에게 편지를 쓸 때는 오해로 마음 아픈 일이 생기지 않도록 가장 명백한 표현을 사용하게 되기 때문이에요. 또 더 빠르게 마음을 전하고 싶은 순수한 바람은 최소한의 결정적인 단어를 선택하게 해 주어요. 그렇게 사랑하는 마음이 분명할수록 글의 표현이 더욱 선명해져, 정리가 되지 않아 어지러웠던 글이 순식간에 명쾌하게 바뀌게 되어요.
　이런 글은 읽고 스치는 글이 아니라 평생 간직하고 싶은 글이 되어요. 만약 사랑하는 사람이 없다면, 꿈에서라도 빌려서 쓰세요.

1. 이 글을 따라 쓰며 어떤 생각이 들었나요?

2. 그 생각을 통해 어떤 질문을 할 수 있을까요?

3. 질문에 대한 자신의 생각을 쓰고, 새롭게 알게 된 것이 있다면 적어 보세요.

실천법
나만의 진실한 문장을 만드는 '기호 노트'

> 나는 사랑하는 '마음'으로 세상을 바라보며 좋은 것만 눈에 담겠어요.

1. '마음'을 생각할 때 함께 떠오르는 단어는 무엇인가요?

2. 그 단어가 떠오른 이유는 무엇인가요?

3. '마음'과 새로 떠오른 단어를 사용하여 새로운 질문을 만들어 보세요.

4. 위의 질문에 답하며 '마음'과 관련된 나만의 문장을 완성해 보세요.

책을 더욱 효과적으로 읽는 30일 단어 탐험노트

응용법

오늘의 책 | 이 책을 선택한 이유

1 책을 읽으며 어떤 생각을 했나요? 책에서 기억에 남거나 중요하게 생각했던 단어는 무엇인가요? 기억에 남는 단어를 3개 적어 주세요.

- 책을 읽으며 한 생각

- 기억에 남거나 중요하게 생각한 단어

2 위에서 생각한 단어가 책에서 어떤 의미로 쓰인 것 같나요? 스스로 생각한 것을 그대로 적어 주세요.

마음 잡기

💬 다음은 제가 글을 쓰는 과정과 방식을 적은 글이에요. 낭독한 후 따라 써 보세요.

　새벽녘 해가 뜨는 모습을 보며 경탄한 나는, 느낌표를 찍어 그 순간에 대한 글을 완성했다. 그러나 다음 날 해가 뜨는 모습을 다시 보며 느낌표를 지우고 문장 자체에 느낌표가 녹아들 수 있게 수정하며 마침표를 찍었다.
　하지만 다시 세 번째 해를 바라보며 느낌표가 아니면 도저히 설명할 수 없다는 생각에 마침표를 지우고 다시 느낌표를 찍었다.
　그렇게 3일이 흘렀다.

1 이 글을 따라 쓰며 어떤 생각이 들었나요?

2 그 생각을 통해 어떤 질문을 할 수 있을까요?

3 질문에 대한 자신의 생각을 쓰고, 새롭게 알게 된 것이 있다면 적어 보세요.

실천법
나만의 진실한 문장을 만드는 '기호 노트'

> 나는 '느낌표'가 가득한 하루를 보내고 싶어요.

1 '느낌표'를 생각할 때 함께 떠오르는 단어는 무엇인가요?

2 그 단어가 떠오른 이유는 무엇인가요?

3 '느낌표'와 새로 떠오른 단어를 사용하여 새로운 질문을 만들어 보세요.

4 위의 질문에 답하며 '느낌표'와 관련된 나만의 문장을 완성해 보세요.

응용법

책을 더욱 효과적으로 읽는 30일 단어 탐험 노트

오늘의 책 이 책을 선택한 이유

1 책을 읽으며 어떤 생각을 했나요? 책에서 기억에 남거나 중요하게 생각했던 단어는 무엇인가요? 기억에 남는 단어를 3개 적어 주세요.

• 책을 읽으며 한 생각

• 기억에 남거나 중요하게 생각한 단어

2 위에서 생각한 단어가 책에서 어떤 의미로 쓰인 것 같나요? 스스로 생각한 것을 그대로 적어 주세요.

마음 잡기

💬 다음 글을 낭독한 후 따라 써 보세요.

　글쓰기는 시작과 끝이 정말 중요해요. 글쓰기를 시작할 때 "꼭 이 글을 멋지게 완성해야지."라고 의지를 강하게 다지면, '멋진 끝'을 만나기가 어려워요. 또 시작할 때부터 자신감을 갖지 못하고 누군가가 시켜서 어쩔 수 없이 한다고 생각하면 글쓰기를 행복하게 끝내기 힘들어요.
　스스로 하고 싶다는 생각이 드는 것이 가장 중요해요. 그래야 힘도 나고요. 멋진 시작이 멋진 끝을 만들어 줄 거예요.

1 이 글을 따라 쓰며 어떤 생각이 들었나요?

2 그 생각을 통해 어떤 질문을 할 수 있을까요?

3 질문에 대한 자신의 생각을 쓰고, 새롭게 알게 된 것이 있다면 적어 보세요.

실천법
나만의 진실한 문장을 만드는 '기호 노트'

> 나는 잘 할 수 없는 일이라도 늘
> '자신감'을 갖고 시작해요.

1 '자신감'을 생각할 때 함께 떠오르는 단어는 무엇인가요?

2 그 단어가 떠오른 이유는 무엇인가요?

3 '자신감'과 새로 떠오른 단어를 사용하여 새로운 질문을 만들어 보세요.

4 위의 질문에 답하며 '자신감'과 관련된 나만의 문장을 완성해 보세요.

 응용법

책을 더욱 효과적으로 읽는 30일 단어 탐험노트

 오늘의 책 — 이 책을 선택한 이유

1 책을 읽으며 어떤 생각을 했나요? 책에서 기억에 남거나 중요하게 생각했던 단어는 무엇인가요? 기억에 남는 단어를 3개 적어 주세요.

- 책을 읽으며 한 생각

- 기억에 남거나 중요하게 생각한 단어

2 위에서 생각한 단어가 책에서 어떤 의미로 쓰인 것 같나요? 스스로 생각한 것을 그대로 적어 주세요.

마음 잡기

💬 다음 글을 낭독한 후 따라 써 보세요.

　글쓰기는 결국 세상을 바라보는 나의 태도를 언어로 바꿔서 표현하는 일이에요. 세상을 향한 나의 태도의 합이 곧 내가 쓸 수 있는 글의 한계인 것이지요.
　관찰력과 쓰기 능력이 다소 부족해도 삶을 대하는 태도가 긍정적이면 좋은 글을 쓸 수 있어요. 마음을 말하는 언어가 곧 생각을 말하는 언어인 글이 되어 세상에 나오게 될 테니까요.

1 이 글을 따라 쓰며 어떤 생각이 들었나요?

2 그 생각을 통해 어떤 질문을 할 수 있을까요?

3 질문에 대한 자신의 생각을 쓰고, 새롭게 알게 된 것이 있다면 적어 보세요.

실천법
나만의 진실한 문장을 만드는 '기호 노트'

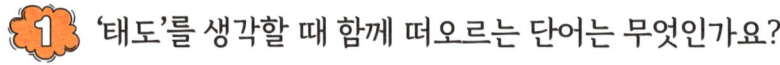

> 나는 좋은 '태도'가 좋은 결과로 이어진다는 사실을 알고 있어요.

1 '태도'를 생각할 때 함께 떠오르는 단어는 무엇인가요?

2 그 단어가 떠오른 이유는 무엇인가요?

3 '태도'와 새로 떠오른 단어를 사용하여 새로운 질문을 만들어 보세요.

4 위의 질문에 답하며 '태도'와 관련된 나만의 문장을 완성해 보세요.

응용법

오늘의 책 | 이 책을 선택한 이유

책을 더욱 효과적으로 읽는 30일 단어 탐험 노트

1 책을 읽으며 어떤 생각을 했나요? 책에서 기억에 남거나 중요하게 생각했던 단어는 무엇인가요? 기억에 남는 단어를 3개 적어 주세요.

• 책을 읽으며 한 생각

• 기억에 남거나 중요하게 생각한 단어

2 위에서 생각한 단어가 책에서 어떤 의미로 쓰인 것 같나요? 스스로 생각한 것을 그대로 적어 주세요.

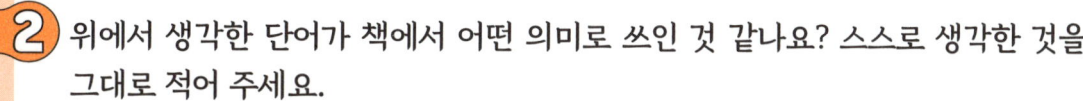

마음 잡기

💬 다음 글을 낭독한 후 따라 써 보세요.

"빨리 쓰고 나가서 놀아야지."라는 생각으로 쓴 글의 결과는 어떨까요? 빠르게 마침표를 찍어 글을 마무리하겠다는 생각이 오히려 글을 제대로 마무리하지 못하게 만들어요.

글을 쓸 때는 다음 줄이나 다음 장이 아닌, 지금 쓰는 줄과 단어만 생각해야 해요.

스스로를 재촉하지 마세요. 세상에는 서두르거나 강요한다고 저절로 이루어지는 일은 없으니까요. 지금 이 순간에 집중해야 이 순간을 빛낼 수 있어요.

1. 이 글을 따라 쓰며 어떤 생각이 들었나요?

2. 그 생각을 통해 어떤 질문을 할 수 있을까요?

3. 질문에 대한 자신의 생각을 쓰고, 새롭게 알게 된 것이 있다면 적어 보세요.

실천법
나만의 진실한 문장을 만드는 '기호 노트'

> 나는 결과를 통해 얻는 '이익'만 생각하면,
> 일이 제대로 되지 않는다는 걸 알고 있어요.

1 '이익'을 생각할 때 함께 떠오르는 단어는 무엇인가요?

2 그 단어가 떠오른 이유는 무엇인가요?

3 '이익'과 새로 떠오른 단어를 사용하여 새로운 질문을 만들어 보세요.

4 위의 질문에 답하며 '이익'과 관련된 나만의 문장을 완성해 보세요.

 **응용법**

오늘의 책 이 책을 선택한 이유

1 책을 읽으며 어떤 생각을 했나요? 책에서 기억에 남거나 중요하게 생각했던 단어는 무엇인가요? 기억에 남는 단어를 3개 적어 주세요.

- 책을 읽으며 한 생각

- 기억에 남거나 중요하게 생각한 단어

2 위에서 생각한 단어가 책에서 어떤 의미로 쓰인 것 같나요? 스스로 생각한 것을 그대로 적어 주세요.

마음 잡기

💬 다음 글을 낭독한 후 따라 써 보세요.

　무언가를 시작한 사람에게 습관은 정말 중요해서 아무리 강조해도 지나치지 않아요. 무엇인가를 하기로 결심했다면, 내가 정한 시간에 결심한 일을 한다는 것이 중요해요.
　글쓰기도 마찬가지예요. 글을 쓴다고 아무리 말해도 글이 저절로 써지지는 않아요. 라면을 아무리 강렬하게 노려 봐도 저절로 요리가 되지 않는 것처럼 말이에요. 글을 쓰기로 한 시간에 실제로 글을 써야 비로소 세상에 자신의 글을 드러낼 수 있어요.

1. 이 글을 따라 쓰며 어떤 생각이 들었나요?

2. 그 생각을 통해 어떤 질문을 할 수 있을까요?

3. 질문에 대한 자신의 생각을 쓰고, 새롭게 알게 된 것이 있다면 적어 보세요.

실천법
나만의 진실한 문장을 만드는 '기호 노트'

> 나는 한번 '결심'한 건 끝까지 해내는 어린이예요.

1 '결심'을 생각할 때 함께 떠오르는 단어는 무엇인가요?

2 그 단어가 떠오른 이유는 무엇인가요?

3 '결심'과 새로 떠오른 단어를 사용하여 새로운 질문을 만들어 보세요.

4 위의 질문에 답하며 '결심'과 관련된 나만의 문장을 완성해 보세요.

응용법

책을 더욱 효과적으로 읽는 30일 단어 탐험노트

오늘의 책 — 이 책을 선택한 이유

1 책을 읽으며 어떤 생각을 했나요? 책에서 기억에 남거나 중요하게 생각했던 단어는 무엇인가요? 기억에 남는 단어를 3개 적어 주세요.

- 책을 읽으며 한 생각

- 기억에 남거나 중요하게 생각한 단어

2 위에서 생각한 단어가 책에서 어떤 의미로 쓰인 것 같나요? 스스로 생각한 것을 그대로 적어 주세요.

마음 잡기

💬 다음 글을 낭독한 후 따라 써 보세요.

　따라 쓰기가 중요한 이유는 쓴 글의 내용을 몸에 기억으로 남기는 일이기 때문이에요. 낭독 역시 마찬가지지요. 따라 쓰기가 몸에 기억을 남기는 것이라면, 낭독은 마음에 기억을 남기는 일이에요.

　기억하고 싶은 글은 따라 쓰거나 낭독을 하면 좋아요. 몸으로 기억하고 싶은 글은 따라 쓰기로, 마음으로 기억하고 싶은 글은 낭독으로 남기도록 해요.

1 이 글을 따라 쓰며 어떤 생각이 들었나요?

2 그 생각을 통해 어떤 질문을 할 수 있을까요?

3 질문에 대한 자신의 생각을 쓰고, 새롭게 알게 된 것이 있다면 적어 보세요.

실천법
나만의 진실한 문장을 만드는 '기호 노트'

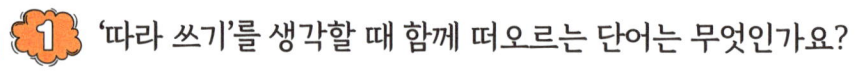

> 나는 '따라 쓰기'를 하면서 좋은 글을 내 안에 담고 있어요.

1 '따라 쓰기'를 생각할 때 함께 떠오르는 단어는 무엇인가요?

2 그 단어가 떠오른 이유는 무엇인가요?

3 '따라 쓰기'와 새로 떠오른 단어를 사용하여 새로운 질문을 만들어 보세요.

4 위의 질문에 답하며 '따라 쓰기'와 관련된 나만의 문장을 완성해 보세요.

 응용법

책을 더욱 효과적으로 읽는 30일 단어 탐험 노트

오늘의 책 — 이 책을 선택한 이유

1 책을 읽으며 어떤 생각을 했나요? 책에서 기억에 남거나 중요하게 생각했던 단어는 무엇인가요? 기억에 남는 단어를 3개 적어 주세요.

- 책을 읽으며 한 생각

- 기억에 남거나 중요하게 생각한 단어

2 위에서 생각한 단어가 책에서 어떤 의미로 쓰인 것 같나요? 스스로 생각한 것을 그대로 적어 주세요.

마음 잡기

💬 다음 글을 낭독한 후 따라 써 보세요.

어떤 운동도 하루아침에 잘할 수 없듯 글쓰기도 연습이 필요해요. 매일 조금씩 한 달만 꾸준히 연습해도 표현력과 논리력, 문장력이 몰라보게 달라질 수 있어요. 먼저 주변에서 자주 보는 것에 나만의 이름을 붙이는 연습을 해 보세요. 나만의 눈으로 보는 연습을 꾸준히 하면 내가 만나는 언어의 세계가 더 깊고 넓어질 거예요. 많이 본 사람이 많이 쓸 수 있다는 것을 기억하세요.

1 이 글을 따라 쓰며 어떤 생각이 들었나요?

2 그 생각을 통해 어떤 질문을 할 수 있을까요?

3 질문에 대한 자신의 생각을 쓰고, 새롭게 알게 된 것이 있다면 적어 보세요.

실천법
나만의 진실한 문장을 만드는 '기호 노트'

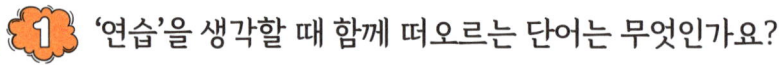

> " 나는 뭐든 '연습'을 통해
> 나아진다는 사실을 믿어요. "

1 '연습'을 생각할 때 함께 떠오르는 단어는 무엇인가요?

2 그 단어가 떠오른 이유는 무엇인가요?

3 '연습'과 새로 떠오른 단어를 사용하여 새로운 질문을 만들어 보세요.

4 위의 질문에 답하며 '연습'과 관련된 나만의 문장을 완성해 보세요.

책을 더욱 효과적으로 읽는 30일 단어 탐험 노트

응용법

| 오늘의 책 | 이 책을 선택한 이유 |

1 책을 읽으며 어떤 생각을 했나요? 책에서 기억에 남거나 중요하게 생각했던 단어는 무엇인가요? 기억에 남는 단어를 3개 적어 주세요.

• 책을 읽으며 한 생각

• 기억에 남거나 중요하게 생각한 단어

2 위에서 생각한 단어가 책에서 어떤 의미로 쓰인 것 같나요? 스스로 생각한 것을 그대로 적어 주세요.

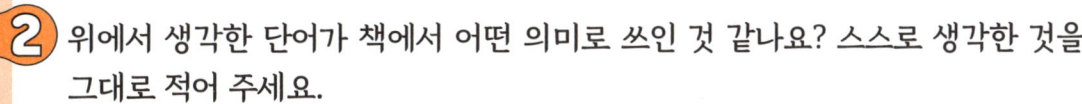

마음 잡기

💬 다음 글을 낭독한 후 따라 써 보세요.

　불필요한 글은 정작 필요한 글의 가치를 잃게 만들어요. 아깝다고 생각하지 말고, 불필요한 말은 과감하게 생략하세요. 그럼 글이 더욱 빛날 거예요. 또 경험이 전혀 없는 상태에서는 상상력도 큰 힘이 되어 주지는 못해요. 아예 모르는 것은 상상하기도 어렵기 때문이에요. 그럴 때는 괜히 시간만 낭비하지 말고 과감하게 버리고 다른 글감을 찾아보세요.
　과감하게 버릴 수 있어야 더 가치 있고 자신에게 잘 맞는 것을 찾을 수 있어요. 우리, 좋은 것만 남겨요.

1 이 글을 따라 쓰며 어떤 생각이 들었나요?

2 그 생각을 통해 어떤 질문을 할 수 있을까요?

3 질문에 대한 자신의 생각을 쓰고, 새롭게 알게 된 것이 있다면 적어 보세요.

실천법 나만의 진실한 문장을 만드는 '기호 노트'

> 나는 사물의 '가치'가 어디에 있는지 늘 찾고 있어요.

1 '가치'를 생각할 때 함께 떠오르는 단어는 무엇인가요?

2 그 단어가 떠오른 이유는 무엇인가요?

3 '가치'와 새로 떠오른 단어를 사용하여 새로운 질문을 만들어 보세요.

4 위의 질문에 답하며 '가치'와 관련된 나만의 문장을 완성해 보세요.

응용법

책을 더욱 효과적으로 읽는 30일 단어 탐험 노트

| 오늘의 책 | 이 책을 선택한 이유 |

1 책을 읽으며 어떤 생각을 했나요? 책에서 기억에 남거나 중요하게 생각했던 단어는 무엇인가요? 기억에 남는 단어를 3개 적어 주세요.

• 책을 읽으며 한 생각

• 기억에 남거나 중요하게 생각한 단어

2 위에서 생각한 단어가 책에서 어떤 의미로 쓰인 것 같나요? 스스로 생각한 것을 그대로 적어 주세요.

마음 잡기

💬 다음 글을 낭독한 후 따라 써 보세요.

　글쓰기의 시작은 자유예요. 자유를 실컷 즐기는 거예요. 생각나는 대로 마음껏 쓰세요. 일단 끝까지 쓰는 게 중요해요. 그다음에는 쓴 내용을 검토하며 쓸데없는 부분을 수정하고 삭제하면서 반 정도로 줄이는 거예요. 그리고 마지막 단계에서 가장 예쁜 형태로 다듬어 주세요.

　처음부터 예쁘게 쓰려고 하거나 쓸데없는 부분을 쓰지 않으려고 하다 보면 망설이다가 아예 쓰지 못하게 되어요.

　처음에는 자유를 마음껏 즐기는 게 우선이고, 그다음 반으로 압축하고 다듬는 과정을 통해 예쁘게 정리하면 된답니다.

생각을 확장하는 3단계 질문법

1 이 글을 따라 쓰며 어떤 생각이 들었나요?

2 그 생각을 통해 어떤 질문을 할 수 있을까요?

3 질문에 대한 자신의 생각을 쓰고, 새롭게 알게 된 것이 있다면 적어 보세요.

실천법
나만의 진실한 문장을 만드는 '기호 노트'

> 나는 '자유'로운 분위기에서 공부할 때 가장 행복해요.

1 '자유'를 생각할 때 함께 떠오르는 단어는 무엇인가요?

2 그 단어가 떠오른 이유는 무엇인가요?

3 '자유'와 새로 떠오른 단어를 사용하여 새로운 질문을 만들어 보세요.

4 위의 질문에 답하며 '자유'와 관련된 나만의 문장을 완성해 보세요.

 응용법

 책을 더욱 효과적으로 읽는 30일 단어 탐험노트

오늘의 책 | 이 책을 선택한 이유

1 책을 읽으며 어떤 생각을 했나요? 책에서 기억에 남거나 중요하게 생각했던 단어는 무엇인가요? 기억에 남는 단어를 3개 적어 주세요.

• 책을 읽으며 한 생각

• 기억에 남거나 중요하게 생각한 단어

2 위에서 생각한 단어가 책에서 어떤 의미로 쓰인 것 같나요? 스스로 생각한 것을 그대로 적어 주세요.

마음 잡기

💬 다음 글을 낭독한 후 따라 써 보세요.

　독서와 글쓰기가 지성을 키우는 데 좋은 것은 누구나 알고 있지만, 실천하기 힘든 이유는 그것의 가치를 모르기 때문이에요.
　글쓰기와 독서는 늘 방법을 생각해 내야 하는 대상이라는 사실을 기억해 주세요. 가치 있는 것들은 절대 그냥 되지 않아요. 그러나 방향만 살짝 틀면 기적처럼 이루어지는 것이 또 독서와 글쓰기예요. 그것이 독서와 글쓰기의 매력이지요.
　매일 독서와 글쓰기가 내게 왜 필요한지 생각하며 그 필요성을 발견해 보세요.

개념 잡기
생각을 확장하는 3단계 질문법

1 이 글을 따라 쓰며 어떤 생각이 들었나요?

----

2 그 생각을 통해 어떤 질문을 할 수 있을까요?

----

3 질문에 대한 자신의 생각을 쓰고, 새롭게 알게 된 것이 있다면 적어 보세요.

실천법
나만의 진실한 문장을 만드는 '기호 노트'

> 나는 '독서'를 통해서 지식을 발굴하는 지식 사냥꾼이 될 거예요.

1 '독서'를 생각할 때 함께 떠오르는 단어는 무엇인가요?

2 그 단어가 떠오른 이유는 무엇인가요?

3 '독서'와 새로 떠오른 단어를 사용하여 새로운 질문을 만들어 보세요.

4 위의 질문에 답하며 '독서'와 관련된 나만의 문장을 완성해 보세요.

 응용법

오늘의 책 | 이 책을 선택한 이유

책을 더욱 효과적으로 읽는 30일 단어 탐험노트

1 책을 읽으며 어떤 생각을 했나요? 책에서 기억에 남거나 중요하게 생각했던 단어는 무엇인가요? 기억에 남는 단어를 3개 적어 주세요.

- 책을 읽으며 한 생각

- 기억에 남거나 중요하게 생각한 단어

2 위에서 생각한 단어가 책에서 어떤 의미로 쓰인 것 같나요? 스스로 생각한 것을 그대로 적어 주세요.

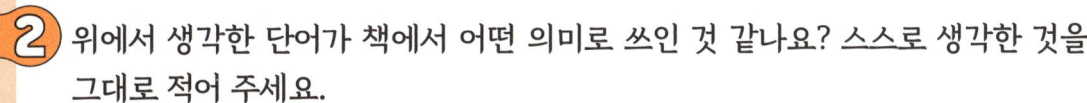

마음 잡기

💬 **다음 글을 낭독한 후 따라 써 보세요.**

　글쓰기가 왜 중요하다고 생각하나요? 이것에 대해 스스로 생각해 보는 시간이 매우 중요해요. 그래야 가치를 느끼며 목적을 설정할 수 있으니까요.
　글쓰기가 중요한 이유는 단지 쓰는 실력과 문해력이 높아지기 때문만은 아니에요. 우리는 글을 쓰면서 자신의 삶을 풍성하게 만들 수 있어요. 글을 쓰면서 마음의 문을 열 수 있고, 그 안에 들어가 몰랐던 자신을 발견할 수도 있어요. 그래서 글을 쓰면 자꾸만 더 행복해지지요.

1 이 글을 따라 쓰며 어떤 생각이 들었나요?

2 그 생각을 통해 어떤 질문을 할 수 있을까요?

3 질문에 대한 자신의 생각을 쓰고, 새롭게 알게 된 것이 있다면 적어 보세요.

실천법
나만의 진실한 문장을 만드는 '기호 노트'

> 나는 '문해력'을 높여서 더 많은 것을 흡수하고 배우고 싶어요.

1 '문해력'을 생각할 때 함께 떠오르는 단어는 무엇인가요?

2 그 단어가 떠오른 이유는 무엇인가요?

3 '문해력'과 새로 떠오른 단어를 사용하여 새로운 질문을 만들어 보세요.

4 위의 질문에 답하며 '문해력'과 관련된 나만의 문장을 완성해 보세요.

책을 더욱 효과적으로 읽는 30일 단어 탐험노트

응용법

| 오늘의 책 | 이 책을 선택한 이유 |

1 책을 읽으며 어떤 생각을 했나요? 책에서 기억에 남거나 중요하게 생각했던 단어는 무엇인가요? 기억에 남는 단어를 3개 적어 주세요.

- 책을 읽으며 한 생각

- 기억에 남거나 중요하게 생각한 단어

2 위에서 생각한 단어가 책에서 어떤 의미로 쓰인 것 같나요? <u>스스로 생각한 것을 그대로 적어 주세요.</u>

마음 잡기

💬 다음 글을 낭독한 후 따라 써 보세요.

　친구와 대화를 나눌 때 어떤 생각을 자주 하나요? 맞아요. 친구가 지루한 마음을 가지지 않도록 같은 이야기도 재미있게 하려고 노력하지요.
　글을 쓸 때도 마찬가지예요. 친구와 대화할 때의 마음을 기억하면 돼요. 앞에 친구가 앉아 있다고 상상하면서 친구가 끝까지 재미있게 읽을 수 있는 글을 쓰려고 노력해 보세요. 그러면 즐거운 마음으로 글을 쓸 수 있어요. 좋은 사람에게 좋은 마음을 전하려는 그 마음의 온기를 늘 간직하세요.

생각을 확장하는 3단계 질문법

1. 이 글을 따라 쓰며 어떤 생각이 들었나요?

2. 그 생각을 통해 어떤 질문을 할 수 있을까요?

3. 질문에 대한 자신의 생각을 쓰고, 새롭게 알게 된 것이 있다면 적어 보세요.

실천법
나만의 진실한 문장을 만드는 '기호 노트'

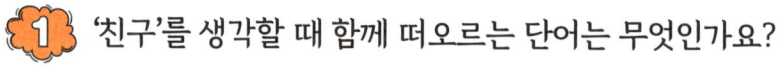

> 나는 좋은 '친구'를 찾기보다는
> 먼저 좋은 친구가 되어 줄래요.

1 '친구'를 생각할 때 함께 떠오르는 단어는 무엇인가요?

2 그 단어가 떠오른 이유는 무엇인가요?

3 '친구'와 새로 떠오른 단어를 사용하여 새로운 질문을 만들어 보세요.

4 위의 질문에 답하며 '친구'와 관련된 나만의 문장을 완성해 보세요.

책을 더욱 효과적으로 읽는 30일 단어 탐험 노트

 응용법

| 오늘의 책 | 이 책을 선택한 이유 |

1 책을 읽으며 어떤 생각을 했나요? 책에서 기억에 남거나 중요하게 생각했던 단어는 무엇인가요? 기억에 남는 단어를 3개 적어 주세요.

• 책을 읽으며 한 생각

• 기억에 남거나 중요하게 생각한 단어

2 위에서 생각한 단어가 책에서 어떤 의미로 쓰인 것 같나요? 스스로 생각한 것을 그대로 적어 주세요.

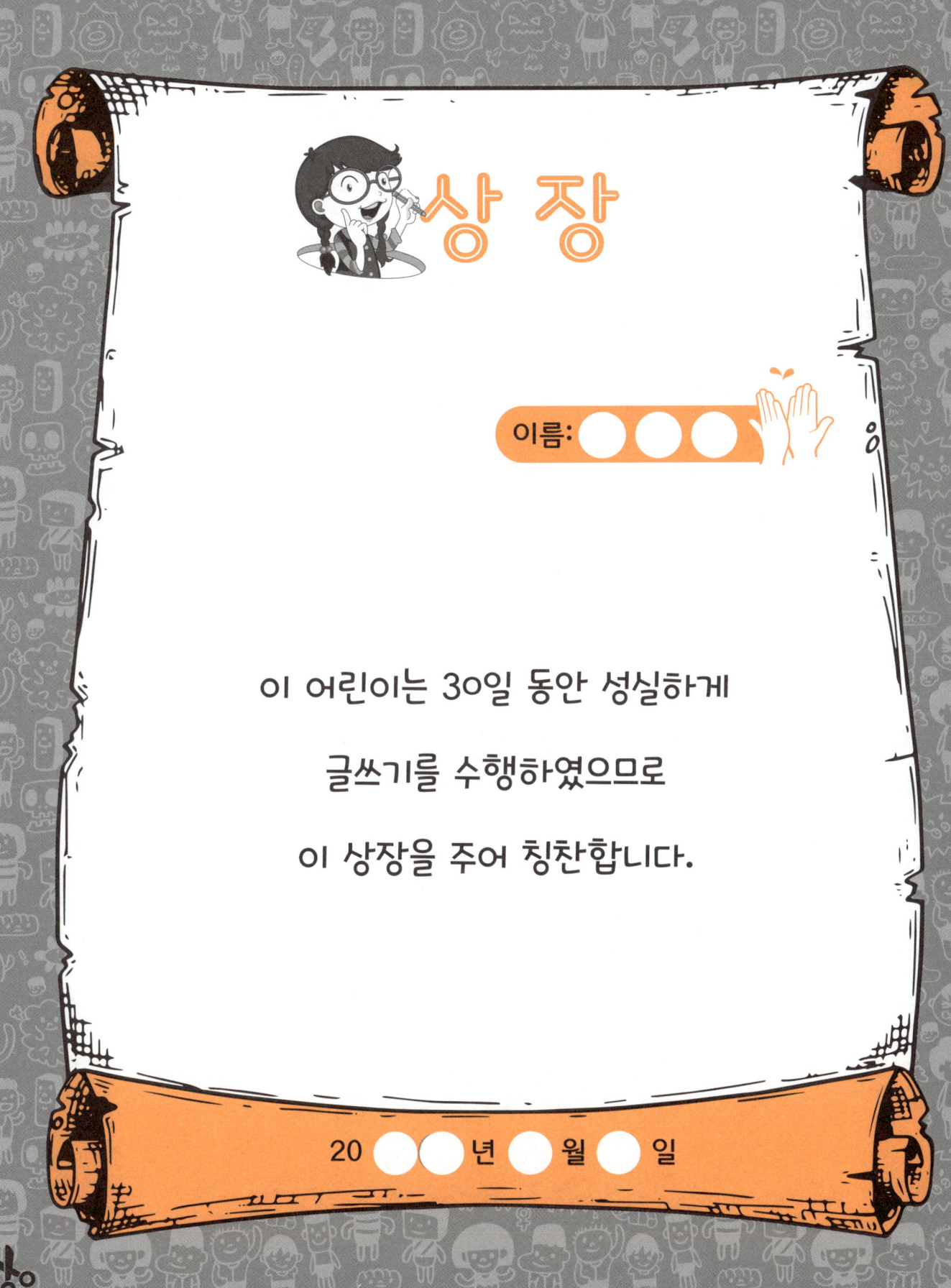